ÉLOGE

DE

M. DE KERGARIOU.

ÉLOGE

DE

M. LE COMTE DE KERGARIOU,

ANCIEN PAIR DE FRANCE, ETC.,

PRÉSIDENT D'HONNEUR DE LA SOCIÉTÉ ARCHÉOLOGIQUE DES CÔTES-DU-NORD;

PRONONCÉ,

Dans la séance publique du Congrès de l'Association Bretonne,
à Morlaix, le 10 Octobre 1850,

PAR

M. ATH. SAULLAY DE L'AISTRE,

PRÉSIDENT DE LA SOCIÉTÉ ARCHÉOLOGIQUE ET HISTORIQUE DES CÔTES-DU-NORD,

CHEVALIER DE LA LÉGION-D'HONNEUR.

SAINT-BRIEUC,

IMPRIMERIE DE L. PRUD'HOMME.

1851.

PROEMIUM.

—

Si M. le comte de Kergariou était mort sous le manteau de Pair, quelque voix célèbre se fût fait entendre pour honorer sa vie, au sein de la plus solennelle assemblée des notabilités de la France.

Une parole inconnue s'élève seule ici : du moins s'adresse-t-elle à des âmes sympathiques, respirant, pour la Bretagne et ses souvenirs, l'amour filial et fervent que M. de Kergariou leur a gardé jusqu'à la fin.

Son cœur n'en eût pas demandé plus.

PREMIÈRE PARTIE.

« Tous ses actes furent empreints du zèle
» le plus sincère pour la chose publique ; et,
» durant le cours de sa longue carrière, il ne
» s'est pas départi un seul instant de ce pur
» amour de l'humanité. »

(D'AGUESSEAU.)

MESSIEURS,

LA Bretagne a perdu, il y a plus d'un an déjà, l'un des hommes qui, de nos jours, l'ont honorée davantage par leurs lumières, par leurs services, par leurs vertus.

Pair de France, Conseiller-d'Etat, membre de plusieurs sociétés savantes, M. le comte de Kergariou, dont le docte patronage honorait la société archéologique des Côtes-du-Nord, avait parcouru une longue et brillante carrière, avec ceci de remarquable, Messieurs, que chacun des hauts emplois qu'il occupa, chacune des dignités dont il fut revêtu, furent, aux yeux de tous, des récompenses en harmonie parfaite avec son mérite ; et l'opinion publique, la voix de son pays applaudirent constamment aux rémunérations dont il fut l'objet. L'on peut ajouter que M. de Kergariou mesura lui-même sa fortune politique, puisque, à deux époques importantes, les portes du ministère lui furent ouvertes, sans qu'il voulût les franchir.

Au moment de rappeler devant vous, Messieurs, les faits principaux, les circonstances caractéristiques de cette vie si dignement remplie, j'ai d'abord à solliciter votre indulgence, et j'ai besoin de compter sur elle.

Comment parler, en effet, d'un homme qui a marché si longtemps et si loin dans la vie publique, où de nombreux et féconds services gardent les traces de son passage, quand on n'a pu soi-même offrir à son pays que de la bonne volonté, et répondre à des bontés augustes que par quelques efforts fidèles, interrompus et oubliés ?

Comment faire apprécier les qualités si élevées, le rare mérite d'un homme éminent que son âge, sa haute expérience et tant d'autres supériorités séparaient de moi, quand j'ai seulement le sentiment des lumières qui brillaient en lui, sans rien de ce qu'il faudrait pour les réfléchir?

Qu'il me soit donc permis d'attendre de vous, Messieurs, une partie de cette bienveillance que j'ai trouvée dans la famille de M. le comte de Kergariou, et chez un si grand nombre de nos collègues, lorsqu'en vue de ce suprême hommage, dans cette solennité nationale, on a pris pour la mesure de mes forces la sincérité de ma reconnaissance et la profondeur de mes regrets !

Ce fut le canton de Paimpol, du département des Côtes-du-Nord, qui ouvrit, pour ainsi parler, le monde politique à M. de Kergariou, en l'élisant, au mois d'Octobre de l'année 1808, membre du collége électoral.

M. de Kergariou s'etait préparé par de fortes études à la vie publique; et sa jeunesse s'était émue des luttes entre le pouvoir ministériel et les parlements.

A dix-sept ans, il écrivait à la marge du Lit de Justice de 1770 des notes qui prouvent quelle était son aversion pour le despotisme, ou, du moins, pour ce qui en recevait alors le nom et en avait l'odieux.

Les remontrances du Parlement contre l'édit du 7 Décembre 1771 avaient excité son admiration : admiration fondée et légitime, appliquée au savoir, à la loyauté, aux intentions qui les inspirèrent.

M. de Kergariou se destina d'abord à l'Ecole polytechnique; après le 13 Vendémiaire, il suivit à Paris des cours d'économie politique, de physique, de chimie.

Son imagination était vive ; ses sentiments pour la gloire nationale ardents et profonds. L'expédition d'Egypte le séduit : elle lui semble libérale et glorieuse. Napoléon lui apparaît comme l'un de ces hommes forts destinés à lutter pour la patrie, tant qu'elle est privée de l'élément naturel de sa puissance et de sa prospérité.

Les passions publiques, la justice divine peut-être, retirent par fois aux nations l'intelligence du principe tutélaire qui fit leur grandeur et dont elles ont méconnu les bienfaits !

M. de Kergariou désirait servir dans la diplomatie; la politique qui prévaut alors le fait renoncer à ce projet.

En 1808, le système change : beaucoup d'hommes honorablement connus par leurs principes et leurs épreuves sont appelés aux affaires. M. de Bonald recommande éloquemment la vie publique aux classes élevées de la société ; il la présente à leur esprit, et presque à leur conscience, comme une dette patriotique, comme une mission providentielle, comme une sorte de sacerdoce.

Ce fut alors que M. de Kergariou fit partie de la députation envoyée au chef de l'Etat par le collége électoral des Côtes-du-Nord.

Nommé Chambellan, il demande à suivre l'Empereur dans la campagne qui va s'ouvrir, celle de Wagram : « Pas » cette fois, répond Napoléon ; cela fe- » rait des jaloux. »

Rentré dans sa famille, M. de Kergariou reprend sa vie d'études : l'économie politique, l'économie commerciale sont, avec l'histoire, les sujets successifs de ses sérieux et nombreux travaux.

Le 30 Juin 1811, M. de Kergariou est nommé chevalier de la légion-d'honneur, et, le 14 Juillet suivant, sous-préfet du Hâvre. Il fait, en cette qualité, un rapport sur les subsistances, qui révèle ce qu'il est déjà, ce qu'il doit devenir en administration. Ce rapport est mis sous les yeux d'un maître attentif. « Tout est remarquable » dans l'arrondissement du Hâvre, pour « la bonne direction des affaires, » écrit, le 11 Décembre, M. de Montalivet, ministre de l'Intérieur; et, le 26 du même mois, M. de Kergariou est nommé préfet d'Indre-et-Loire.

Messieurs, ce n'était point ici de la faveur, c'était du discernement, de ce discernement dont parle un penseur profond: « Gouverner, c'est choisir. »

M. de Kergariou signala son début dans le département d'Indre-et-Loire par des actes administratifs empreints d'un esprit d'équité, d'initiative éclairée et féconde, de noble et convenable indépendance. Il proteste, avec dignité, la correspondance officielle en dépose, contre l'obéissance passive en administration; il se montre, dès lors, fidèle au mérite, même frappé de défaveur : « Ce n'est point une chose » commune, lui écrit un haut fonctionnaire » révoqué, que de demeurer fidèle aux » disgraciés; mais je devais l'attendre de » la noblesse de votre caractère. »

La disette fut une épreuve qui trouva son habileté, son énergie, sa charité au niveau de ses obligations. Il donne l'exemple de tous les genres de sacrifices; et, pendant la durée du fléau, il ne paraît point de pain sur la table du Préfet.

Les établissements, les œuvres de bienfaisance, la restauration, l'agrandissement, l'assainissement des hôpitaux et des casernes, le sort du pauvre et le sort du soldat, devinrent l'objet de ses travaux assidus et de son active sollicitude.

L'horizon politique devenait de plus en plus chargé de nuages, les destinées de la patrie plus incertaines, les perplexités plus profondes et plus justifiées : « On ne sait, comme de coutume, rien » sur les projets de l'Empereur, écrivait » confidentiellement à M. de Kergariou » le duc de Dalberg. » Il ajoutait : « On « parle, avec quelque fondement, de la » grossesse de l'Impératrice ; cet événe» ment serait rassurant : je préfère » moi, dans les souverains, le dynasti» que à l'héroïque. »

M. le duc de Dalberg pensait ainsi, Messieurs, que le pouvoir héréditaire est puissant, parce qu'il apporte au présent toute la force du passé ; parce qu'il a la vertu de l'âge viril, même sur la tête d'un enfant ; mais, l'héritier nécessaire à l'efficacité durable du principe, n'est point l'affaire d'un sénatus-consulte, d'un caprice ou d'un entraînement politique, même protégé par une haute habileté, même secondé par la plus héroïque fortune !

Les jours des grandes épreuves arrivaient ; les rigueurs croissaient avec les revers. L'armée française, dont l'imperturbable valeur des Slaves n'avait pu que retarder la marche intrépide, tombait alors sous les éléments conjurés contre elle, et mourait comme pétrifiée dans ses lauriers ; et cependant des milliers de prisonniers Russes, Espagnols, des blessés, des malades arrivaient en foule et venaient dans nos villes témoigner à la fois de nos succès et de nos désastres. On dut, à bref délai, établir à Sainte-Anne plus de 3000 malades ou blessés : l'activité, l'humanité du Préfet suffirent à toutes les tâches.

Les mesures acerbes, seules, ne pouvaient trouver un ministre docile dans un magistrat tel que M. de Kergariou : il proposa sa démission et fit connaître, dans un lumineux et courageux rapport, ce qu'on devait attendre de ces rigueurs, et par quels tressaillements soudains se révélait l'esprit public si longtemps comprimé.

Il ne faut pas, Messieurs, qu'un sentiment, si généreux qu'il soit dans son principe, nous fasse altérer l'histoire ni méconnaître la vérité : la France n'a point à rougir de ces aspirations qui, après tant de glorieuses luttes, de succès et de revers, de sacrifices sans nombre comme sans limites, lui firent tourner les yeux, avec espoir, vers un avenir de paix et de liberté.

Malgré le douloureux abandon de nombreuses conquêtes et de patriotiques espérances; malgré des appréhensions et des répugnances sincères ou simulées; malgré le froissement des amours-propres et des intérêts; malgré les fautes, les injustices et les erreurs, inévitables et déplorables effets de toutes les révolutions, le mouvement politique de 1814 fut populaire en France, et le retour de la dynastie nationale salué d'innombrables acclamations.

Pendant toute son administration, M. de Kergariou n'avait pas ordonné une seule arrestation politique; et, néanmoins, en adoucissant les mesures rigoureuses, il avait fermement contenu ou réprimé les témérités, marchant droit, hardiment, se reposant sur la Providence et sur les bonnes intentions qui l'inspirèrent constamment dans l'accomplissement de ses devoirs.

Il faudrait voir, Messieurs, dans les correspondances authentiques et particulières quels hommages et quelles actions de grâce sont rendus, après ces jours d'anxiété, au courage, à la probité politique du digne magistrat !

« Si tous ceux de vos administrés qui
» sentent le bonheur d'avoir eu un préfet
» tel que vous, pendant la cruelle agonie
» que nous venons de traverser, éprouvent
» le même besoin que moi de vous expri-
» mer leur reconnaissance, cette lettre
» sera suivie de bien d'autres : bonté, pa-
» tience, humanité, fermeté pour le bien,
» voilà, Monsieur, les épithètes que les
» heureux et les malheureux ajoutent à
» votre nom ! »

Cette lettre d'un homme haut placé, fut, en effet, suivie de beaucoup d'autres, Messieurs, et toutes remplies de cette effusion qu'inspire si naturellement la vérité.

Le Roi, dans une audience particulière, du 23 Mai 1814, reconnut, par les plus flatteuses paroles, les services rendus au pays par M. le comte de Kergariou.

M. de Kergariou n'y demanda rien pour lui-même, rien pour les siens ; mais il eut la respectueuse franchise d'appeler l'attention du Roi sur les dangers qui menaçaient, dès le début, un gouvernement mal organisé. Dans plusieurs entretiens politiques avec des hommes influents, et notamment dans une longue conférence avec M. Lanjuinais, il développa cette pensée, qu'il ne fallait à la France qu'une constitution *brève*, réglant, rassurant les grands intérêts ; que le temps, l'expérience, les circonstances compléteraient successivement et utilement cette constitution. Il insista pour la stricte exécution, avant tout, de la parole donnée par la déclaration de Saint-Ouen.

Le jour de l'arrivée à Tours de M. le duc d'Angoulême, une femme, inspirée par un vif mouvement de reconnaissance, et se faisant l'interprète des sentiments populaires, se jeta aux pieds du Prince et lui exprima, avec énergie, de quelle gratitude et de quelle confiance le peuple payait les services du préfet. Dieu avait béni les efforts du courageux magistrat, à travers la difficile et injuste arène des partis : *Vox populi, vox Dei !*

Cette manifestation, toute spontanée, fut comme le prélude et le signal des regrets exprimés par les corps constitués et les habitants d'Indre-et-Loire, lors de la nomination de M. de Kergariou à la préfecture du Bas-Rhin.

M. de Kergariou voit de nouveau le Roi, à son passage à Paris, et, dans cette entrevue comme dans la première, son langage demeure aussi sincère que son dévouement. Il est même assez peu courtisan pour déclarer au monarque qu'à ses yeux et le prince et la monarchie reposent sur un volcan. Cette indépendance, cette sincérité fidèle, il l'apporte dans le Bas-Rhin, et il l'appliquait dans tous les actes de son administration, lorsque, pour me servir de l'expression si belle et si pittoresque de M. de Châteaubriand : Napoléon *sort de la mer et tombe à Paris*.

Malgré les instances de M. le duc

d'Albufera, M. de Kergariou donna sa démission et se retira à Versailles.

Dans un mémoire rempli de vues gouvernementales élevées, d'un désir de conciliation et de conquête des hommes de bien et de talent, M. de Kergariou signala au ministère les fautes qui lui semblèrent, dès les premiers jours, s'attacher au gouvernement de la seconde Restauration.

La présidence du collége électoral du Finistère lui fut offerte : il la refusa. Le Chancelier s'étonnait que M. de Kergariou ne fît aucune démarche pour entrer à la Chambre des Pairs : M. de Kergariou devait obtenir la pairie plus laborieusement.

Le Roi l'aurait vu avec plaisir préfet de la Seine ; il le lui disait. M. de Kergariou fut nommé préfet à Rouen. Tout le monde sait, Messieurs, les difficultés, les obstacles de toute nature, qui résultèrent pour l'administration, et de l'occupation étrangère et des passions politiques de cette époque. Dans ses rapports avec les chefs étrangers, avec le ministère, avec ses administrés, M. de Kergariou soutint constamment le caractère de dignité, de fermeté et de modération tout ensemble, qui avaient déjà distingué sa conduite politique, et notamment à l'époque si difficile de la transition de l'empire à la royauté, ou, si l'on veut, du pouvoir absolu à la liberté.

Malgré les distractions forcées et les exigences de la politique, les travaux de M. de Kergariou, dans la Seine-Inférieure, furent nombreux et féconds. Il donna l'impulsion à la recherche et à la restauration des monuments historiques : les vitraux de la sainte Chapelle de Champigny, l'abbaye de Saint-Georges de Bocherville, et le Cirque de Lillebonne, qu'il fit déblayer, fixèrent particulièrement son attention. Aussi, l'accomplissement parfait de ses devoirs de magistrat, son amour des arts, sa sollicitude éclairée pour les intérêts du commerce et de l'industrie lui méritèrent-ils des témoignages authentiques de reconnaissante justice, lorsqu'il quitta la Loire Inférieure, avec la disgrâce ministérielle et le titre de conseiller-d'Etat.

M. de Kergariou vivait sur sa terre, dans une retraite prématurée, lorsque la confiance générale et l'estime qui l'y avaient suivi, le firent choisir par le département des Côtes-du-Nord pour l'un de ses représentants.

Membre de la Chambre des Députés, M. de Kergariou montra, dès son début, la parfaite indépendance de ses convictions. Les obligations parlementaires excitent en lui le zèle et l'activité que ses devoirs d'administrateur lui avaient inspirés. Soit comme orateur, soit comme rapporteur de commissions, il partage laborieusement les travaux de ses collègues les plus actifs et les plus assidus.

En 1821, il défend éloquemment la mémoire attaquée des rois de France : « Louis XIV, s'écrie-t-il, mérite plus » qu'aucun monarque le titre de grand, » puisque les peuples et les rois de la terre » le lui ont simultanément décerné. »

En 1823, réélu pour ainsi dire à l'unanimité par le collége électoral des Côtes-du-Nord, M. de Kergariou discute la loi des Finances ; en 1824, celle de la septennalité, contre laquelle il se prononce ; l'adresse au roi. Nommé membre de la commission du monument de Quibéron, c'est de sa main que sortent les pieux appels à la générosité nationale ; et, de concert avec M. le président Brisson, il termine le travail qui doit consacrer le nom des victimes sur le grand mauzolée de la marine française.

En 1826, M. de Kergariou, membre de la commission des Douanes, réclame toute la protection de l'Etat pour l'industrie linière en souffrance ; il discute le budget ; et, dans ces travaux, il apporte cette lucidité, cette droiture d'intention qui n'abandonnent pas plus son caractère que son talent. Le 5 Novembre de la même année, M. de Kergariou est élevé à la dignité de Pair de France.

M. de Kergariou entra au Luxembourg, Messieurs, avec la réputation de l'un des membres les plus éclairés, les plus modérés, les plus indépendants, et néanmoins le plus loyalement dévoués, de cette majorité monarchique qui, dans la Chambre des députés et sous les auspices de deux habiles et fidèles ministres, MM. de Villèle et Corbière, espérait servir efficacement les véritables intérêts du pays en défendant ceux du pouvoir royal. Pair de France, M. de Kergariou se montra fidèle aux convictions et aux sentiments du député.

En 1828, nommé membre de la commission de législation commerciale, il fut heureux de consacrer une influence justement acquise à une nouvelle défense de cette industrie si importante pour son pays, celle des étoffes de fil. Le département des Côtes-du-Nord n'a point perdu le souvenir de ses services et de ses efforts !

Nous savons, Messieurs, au milieu de quelles préoccupations générales M. de Kergariou fut nommé président du collége électoral des Côtes-du-Nord, le 6 Juin 1830.

De quelle sollicitude était frappé le cœur du sujet fidèle, lorsqu'en ouvrant le collége des Côtes-du-Nord, M. de Kergariou prononça ces solennelles et prophéti-

ques paroles ! « La patrie semble mena-
» cée de nouveaux orages ..... Qu'il y
» ait une vaste conspiration antichré-
» tienne, antisociale, qui prétende à tout
» renouveler, qui en doute ? Qu'il y ait
» des hommes qui recherchent seulement
» un mieux idéal ; que, parmi eux, quel-
» ques-uns prouvent l'élévation de leur
» intelligence et la pureté de leurs inten-
» tions ; mais que l'on trouve le plus sou-
» vent dans ces réformateurs l'absence de
» toute sagesse dans la conduite des affai-
» res humaines.... Voilà ce que je crois.

» Toutefois, ajoutait M. de Kergariou,
» les hommes de factions ou de chimères
» ne pourraient rien en France, si les gens
» de bien, si tous ceux qui ont intérêt à
» la paix publique restaient unis ! »

Messieurs, il me serait facile de prouver ici que les pressentiments politiques de M. de Kergariou ne l'ont pas plus trompé en 1848 qu'à cette époque de 1830, alors que son patriotisme alarmé lui inspirait les avertissements que vous venez d'entendre. Paroles suprêmes, paroles inspirées, les dernières de M. de Kergariou dans la vie publique, et qu'il prononçait, pour ainsi dire, en descendant de son banc de Pair pour rentrer noblement dans la vie privée, où l'attendaient tant de consolations, mais hélas ! aussi tant d'épreuves !

SECONDE PARTIE.

Turpe est in patria peregrinari, et in eis rebus, quæ ad patriam pertinent, hospitem esse.

MASSUES.)

L'HOMME a besoin d'un mobile et d'un but pour ses travaux ; il aspire instinctivement à une récompense de ses efforts ; il faut une palme à ses épreuves.

Deux instincts dominent toutes les inspirations et les ambitions de l'esprit humain : l'amour de soi ou du bien-être propre ; l'amour d'autrui ou du bien public. L'amour de soi excite ces insatiables espérances auxquelles le succès et la renommée suffisent ; l'amour d'autrui s'enflamme à l'idée seule du bien qu'il peut répandre. C'est, dans l'ordre religieux, la charité ; c'est, dans l'ordre humain, la moralité sociale, le progrès civilisateur, le zèle pour la prospérité et pour la gloire de la patrie.

Sous l'influence de l'amour du bien public, l'homme, qu'inspire ce sentiment désintéressé, n'apporte qu'avec choix et sollicitude, à la société qu'il veut servir ou défendre, les tributs de son intelligence et de son savoir. Il ne lui jette pas, à l'aventure, les rêves ou les projets qui viennent séduire ses passions, son imagination, même son génie, dès qu'il soupçonne seulement que leur révélation prématurée peut en rendre douteux les résultats. Il favorise, autant que l'expérience et la prudence seules le permettent, les transitions et les progrès salutaires; mais il ne bâtit pas dans le vague; mais il n'admet pas qu'une société, qu'un gouvernement qui se modifient, puissent pour cela tenir suspendus dans le vide, comme le tombeau de Mahomet!

Rechercher dans l'édifice qui se transforme les causes et les éléments qui faisaient sa solidité passée; recueillir ceux d'entre eux qui peuvent apporter au nouvel œuvre leur force certaine, mise en harmonie avec les progrès et les conquêtes de l'esprit humain; restituer, reproduire ceux qui n'ont été écartés, peut-être, que par une entente erronée de leur caractère ou par l'inhabileté de leur emploi ; appeler ainsi l'examen, l'appréciation réfléchie et sans préjugés, sur ces éléments de force et de durée, brisés ou méconnus ; rassembler enfin ce qui du passé peut être mis au service du présent, dans les mœurs, dans les institutions, dans les lois, dans les sciences et dans les arts, voilà l'attrait de l'étude, voilà l'efficacité du savoir ; voilà, dans l'ordre humain, le but et la récompense du travail, pour l'ami du bien public et pour le chrétien.

Tels furent, Messieurs, les graves et utiles délassements de M. le comte de Kergariou, rentré dans la vie privée ; tels furent les généreux mobiles qui le dirigèrent assidument, dans les travaux nombreux auxquels il vint consacrer sa haute et active intelligence, sa solitude et sa liberté. Il ne regardait point l'étude comme une simple distraction pour son esprit : il y voyait, avec l'espérance de quelques services à rendre par elle, comme une dette sacrée, comme l'accomplissement d'un devoir. Rien donc ne sollicitait plus sensiblement l'exercice constant de ses facultés si élevées, que l'espoir qu'il resterait, peut-être, de ses méditations ou de ses recherches, quelques enseignements, quelques conseils, quelques vues utiles à son pays.

Parmi tant de pensées d'ordre moral ou politique, que j'ai eu si souvent l'heureuse fortune de l'entendre développer dans ses entretiens si instructifs et si variés, il trouvait, dans l'expérience du présent, aussi bien que dans les exemples du passé, des motifs nombreux d'exprimer ce vœu : qu'il serait désirable, qu'il serait salutaire qu'un plus grand nombre de jeunes hommes des classes favorisées de la société se destinassent à la servir dans les professions libres plutôt que dans les emplois salariés par l'Etat.

Ne trouve-t-on pas, Messieurs, dans l'examen attentif de l'organisation civile actuelle, dans l'étude des influences présentes incontestables, dans une sollicitude éclairée des intérêts des classes laborieuses, dans le besoin de direction et de bons conseils qu'elles ont le droit d'espérer, de puissantes et pressantes raisons qui plaident pour cette pensée sociale et politique à la fois ?

Ne pensez-vous pas, Messieurs, qu'un des résultats heureux et certains de cette intervention plus fréquente des classes élevées dans les intérêts positifs, journaliers de la population tout entière, serait de dissiper, au profit des hommes de bien, beaucoup des préventions et des préjugés qui les divisent ?

Une plus grande confiance encore s'attacherait ainsi à ces offices sévères et modestes, sans doute, mais dont nul ne saurait contester la sérieuse importance, et dans lesquels personne n'hésitait jadis, en Bretagne notamment, à venir défendre l'honneur et les intérêts de la famille. On ne brisait pas pour cela son épée : nous voyons donner des lettres d'institution de notaire et *passeur* à Jean de Mauhugeon, à Olivier le Sénéchal, chevaliers ; et les noms équestres, dans ces offices, se présenteraient en foule, si je ne savais, Messieurs, que ce n'est pas devant vous qu'il m'est nécessaire d'apporter la preuve de ce que j'avance ici.

Ne nous y trompons pas, Messieurs, l'action politique ne sera puissante désormais qu'en marchant avec le dévouement, avec le zèle assidu pour la cause de tous, et qu'en raison des services qui seront incessamment rendus. On le comprenait en Bretagne alors que tant de familles de race militaire s'identifiaient, par quelques-unes de leurs branches, aux diverses classes sociales : elles recueillaient la confiance, parce qu'elles partageaient les labeurs.

M. de Kergariou aimait que l'on s'occupât de nos institutions, de nos mœurs, de nos gloires : *Recolite quàm magna Britanni fecēre !* Il aurait voulu arracher au temps tout ce qu'il reste encore de nos traditions, de nos monuments, de nos saintes reliques : *Colligite quæ superfuerunt fragmenta, ne pereant !* Il voyait, avec peine, l'indifférence pour les choses de la patrie, et il aurait volontiers répété avec l'illustre

Manuce : *Turpe est in patria peregrinari et in eis rebus, quæ ad patriam pertinent, hospitem esse !*

Vous savez, Messieurs, de quels suffrages et de quels encouragements M. de Kergariou entoura la création d'une Société archéologique dans les Côtes-du-Nord. Il en accepta la présidence d'honneur ; et vous vous rappelez encore avec quelle ardeur de jeune homme, avec quelles vives lumières il prit part aux travaux du congrès de Saint-Brieuc. Il se fût félicité, avec nous, Messieurs, du succès des habitants de Lamballe et de Matignon dans la restauration et la construction de leurs églises. Les souscriptions seules, recueillies par M. le Recteur de Lamballe, s'élèvent à plus de quinze mille francs. Je crois devoir signaler au Congrès ces efforts généreux et ces œuvres importantes, auxquelles la Société archéologique des Côtes-du-Nord n'a cessé d'attacher sa persistante intervention.

A part son mérite architectural, de pieux souvenirs recommandent Notre-Dame de Lamballe, ce monument des vieux jours, qui vit Charles de Blois, marchant les pieds nus à travers les aspérités du chemin, apporter dans son sanctuaire les reliques de cet homme prédestiné, l'ami, le défenseur de l'opprimé et du pauvre, et que nous vénérons sous le nom de saint Yves : « *De extram* » *villam Lamballie* (sic) *usquè ad Eccle-* » *siam B. M., nudis pedibus, super pa-* » *vimenta et lapides detulit reliquias* » *B. Ivonis et eas eidem ecclesie* (sic) » *præsentavit.* »

Les sacrifices des habitants de Matignon, pour arriver à la construction d'une église monumentale, témoignent à la fois de leur respect des arts et de leur patriotisme. Les inspirations généreuses se transmettent et s'enchaînent : elles ne doivent point étonner là où prirent naissance de courageux défenseurs du sol envahi ; là où l'on n'a point oublié qu'à l'une de ces journées qui décident du sort des empires, à la bataille de Cocherelle, la bannière du bon Connétable était vaillamment portée par Bertrand de Goyon-Matignon.

On l'a dit avec raison, Messieurs, il en est de la science comme de la vertu : il faut la rendre aimable, si vous voulez qu'on l'aime. Telle fut la vertu, telle fut la science chez M. le comte de Kergariou. Des documents historiques laborieusement recueillis, des raretés bibliographiques nationales, une vaste et curieuse bibliothèque, une collection de monnaies Gauloises, l'une des plus complettes de France, furent autant de trésors toujours ouverts par lui aux amis de l'étude ; et, je le répéterai ici, Messieurs, les lumières et l'obligeance du maître firent de la Grand'-Ville comme un sanctuaire de science où l'on put toujours aller s'éclairer.

Je dirais donc que jamais science ne fut aussi volontiers communicative, que jamais autant de bon vouloir et de simplicité ne s'unirent à autant de solide mérite, si nous n'avions près de nous, Messieurs, dans le Nestor des savants de la Bretagne, M. le comte de Blois, un exemple vivant de tout ce qu'ajoutent d'attraits au plus haut savoir, la modestie, la bienveillance et la vertu.

J'ajouterai, Messieurs, que ce n'est pas dans cette ville que de tels mérites sont ignorés : naguères encore, vous en voyiez un autre modèle en M. le comte de la Fruglaye, l'ami, le collègue de M. de Kergariou, chez lequel la science s'unissait à tant d'urbanité, à tant de bienveillance et de largesses, au caractère le plus loyal et le plus élevé, et qu'entouraient aussi d'angéliques dispensatrices de ses bienfaits.

Ces deux hommes de bien disparurent presque le même jour, comme deux frères d'armes que la mort ne voulait pas séparer pour longtemps. Toutefois, M. de Kergariou ne connut point la mort de son ami ; et c'est, pour ainsi dire, la seule épreuve à laquelle la Providence ne l'ait pas soumis.

Nous venons de retracer devant vous, Messieurs, une partie des faits principaux de la vie de M. le comte de Kergariou. Des correspondances authentiques, importantes, curieuses, vous attesteraient quelle haute justice a été rendue à ses lumières et à son caractère politique, par des hommes dans les positions et les opinions les plus diverses ; et, entre autres, par MM. le duc de Dalberg, Malouët, de Ségur, Régnault de Saint-Jean-d'Angely, de Taleyrand, Lainé, de Serre, Richelieu, de Villèle, Corbière, Châteaubriand ; de quelle négociation délicate il fut chargé par ce dernier ; quelle fut la gratitude de l'un et l'abnégation de l'autre.

Dans l'ordre des dates et des usages, j'aurais dû vous parler d'abord des avantages avec lesquels M. de Kergariou entra dans le monde, et qui décoraient son berceau. Si j'ai mieux aimé vous entretenir premièrement de ce qu'il ne dut qu'à lui-même, c'est qu'il était dans l'esprit de M. le comte de Kergariou d'honorer d'abord dans l'homme le mérite personnel. Je l'ai donc traité selon sa philosophie et sa raison libérales ; et, maintenant que nous avons tous reconnu de quelle manière il répondit à ce que la Providence avait fait pour lui, je rappellerai avec confiance les dons qu'il avait reçus d'elle.

Joseph-François Marie-Pierre de Kergariou, chevalier, comte de Kergariou, était né à Lannion, le 25 Février 1779. Il était fils d'un magistrat distingué du Parlement de Bretagne, et descendait de l'une de ces familles antiques qui se rattachent à, ces portions du sol national auxquelles elles ont souvent imposé leur nom. Diverses étymologies du nom de Kergariou ont été proposées, entre lesquelles je ne me permettrai pas de prononcer. Je redirai seulement, avec l'illustre auteur des *Soirées de Saint-Pétersbourg*, qu'il y a, dans l'étude des noms d'hommes et de lieux, une mine féconde pour la philosophie et pour l'histoire. L'un de nos savants collègues, M. de Courcy, vient de nous prouver quel charme piquant il est possible de donner à ces recherches.

Plusieurs traditions se rattachent à l'origine de la famille de Kergariou ; il en est une où le nom de saint Riou est invoqué. Dans le livre de la *Pairie d'Angleterre*, un grand nombre de Notices héraldiques commencent par des traditions de cette nature ; et, sans que les juges d'armes les puissent attester, il suffit qu'elles soient généralement admises pour être recueillies avec intérêt.

Au surplus, Messieurs, des actes authentiques des XIIe et XIIIe siècles, qui déposent de l'ancienneté de la famille de Kergariou, ne me manqueraient pas, s'il s'agissait d'établir ici son importance dès ces époques reculées : dans une ville qui se souvient si naturellement des services rendus par la famille de Kergariou, je dois me borner à mentionner rapidement quelques-uns de ceux qui la rattachent à l'histoire de notre pays.

Guillaume de Kergariou prend la croix en 1248; le 3 Septembre 1442, François, duc de Bretagne, confie la défense de Morlaix à son *féal et bienaimé chevalier* messire Philippe de Kergariou; Jean de Kergariou, capitaine de la compagnie d'ordonnance du maréchal de Gié, se distingue sous Louis XII, sous François Ier, et des lettres patentes de 1524 viennent attester l'importance de ses services;

Alexandre de Kergariou gouverne Morlaix sous la ligue ; Parceval de Kergariou sert la cause de Henri IV si efficacement que le Béarnais ordonne de payer, immédiatement, la rançon de son chevalier, s'il vient à tomber entre les mains de l'ennemi.

Dans des temps plus rapprochés de nous, Messieurs, une génération tout entière de l'une des branches de cette famille périt au service de l'Etat ; et les fastes funèbres de nos jours révolutionnaires n'ont pas d'exemple d'une mort plus chrétienne et plus guerrière, d'un plus héroïque trépas que celui du comte de Kergariou-Locmaria.

L'histoire de notre pays fait aussi mention de la famille maternelle de M. de Kergariou. Foulques Le Corgne se croisa en 1248 ; Jean et Olivier font alliance avec le duc, en 1437, pour la défense de la nationalité menacée ; Guillaume Le Corgne est tué, Noël, son fils, est blessé à la bataille de Saint-Aubin-du-Cormier : journée fatale que, dans leur foi valeureuse, les Bretons ouvrirent en se confessant et communiant, *au plus matin, afin de se mettre en état*, pour parler comme Alain Bouchard et d'Argentré.

Le duc François ne put survivre à la douleur de sa défaite; et nous voyons, moins de deux mois après, au nombre des gentilshommes d'Anne, la jeune duchesse orpheline, Louis Le Corgne suivre à Nantes le cercueil de son souverain vaincu. Le chevalier portait ainsi le triple deuil de ses proches tombés à Saint-Aubin, de son Prince et de la monarchie bretonne elle-même!

Gloria majorum lumen est posteris!

Nous savons, Messieurs, comment M. de Kergariou s'acquitta des devoirs que lui imposaient sa naissance et sa fortune. La noblesse, ici du moins, est encore une transmission de principes : l'héritage est dignement recueilli.

L'éducation religieuse, généreuse de M. de Kergariou rendit féconds les germes du bien que la Providence avait mis en lui. Voyez-le dans la vie politique : ardent ami du bien public, amoureux de la gloire de la patrie, assidu, infatigable dans ses travaux, sincère dans son dévouement, désintéressé dans ses efforts, sans amertume, sans envie, il oblige souvent, il oblige toujours avec bonheur, et jamais il n'use de son pouvoir pour nuire à personne.

Ingénieux à excuser les erreurs et les fautes d'autrui, M. de Kergariou rendait justice à tous les mérites, et il était aimé, estimé de ceux-là même qui ne partageaient pas ses convictions. Ses opinions étaient véritablement libérales, et il professait, dès longtemps, cette politique chrétienne et nationale de la fermeté dans les doctrines, de la conciliation entre les hommes.

Suivons-le dans la vie privée : quel fils plus reconnaissant, plus respectueux, plus soumis ? Quel époux plus tendre d'une plus sublime épouse ? Quel père plus assidument occupé du cœur et de l'esprit de ses enfants ? Sans exigences avec ses amis, l'amitié qu'il leur gardait était fidèle, attentive, inaltérable.

Chrétien et catholique fidèle, sa foi

était solide, sa charité profonde, sa piété éclairée, sans ostentation, sans respect humain. Quels exemples ne donna-t-il pas, Messieurs, de la soumission la plus humble et la plus touchante à la fois, au milieu des épreuves si douloureuses dont il fut frappé, et que partagea avec un saint courage, le noble cœur que Dieu avait uni au sien pour le soutenir et le consoler?

Seconde providence des malheureux, que de bienfaits connus, quel plus grand nombre de bienfaits cachés n'a-t-il pas répandus? Que de détresses mystérieuses n'a-t-il pas allégées? Combien de malades secourus, combien de blessures pansées autour de lui par ces mains filiales et angéliques qui s'en sont allées ouvrir les portes du ciel à l'inspirateur de leurs œuvres et de leurs vertus? Ah! quand on a vu cent fois un pareil cœur s'ouvrir, c'est un attrait invincible d'en révéler tout haut la valeur et les trésors!

Je vous rends donc grâce, Messieurs, de l'indulgente attention dont vous avez honoré ce faible tribut d'une reconnaissance filiale, si incomplet, si insuffisant qu'il soit. Les vertus, les talents, les services de M. de Kergariou étaient connus de tous ici, sans doute, mais nous avons été heureux d'en parler avec vous, comme on aime à s'entretenir pieusement, en famille, de ceux qui n'y sont plus !

Ce n'est pas, d'ailleurs, un des moindres caractères de notre nature celtique, que cette fidélité, que cette fermeté des sentiments, que les hommages immuables qui restent voués dans nos âmes à ce qu'elles ont vénéré, à ce qu'elles ont aimé, à ce qu'elles regrettent ici-bas ! Ils y demeurent vainqueurs de la fortune du temps, de l'absence de la tombe elle-même... et, pour se souvenir, un cœur Breton n'attend pas le solennel *Remember !*... Il se souvient.

10 Octobre 1850.

www.ingramcontent.com/pod-product-compliance
Lightning Source LLC
LaVergne TN
LVHW021715230826
846091LV00006BA/2181
9782012466173